Los animales

Fiona Undrill

Heinemann
LIBRARY

Animals

www.heinemann.co.uk/library

Visit our website to find out more information about Heinemann Library books.

To order:

☎ Phone 44 (0) 1865 888066

▤ Send a fax to 44 (0) 1865 314091

▢ Visit the Heinemann Bookshop at www.heinemann.co.uk/library to browse our catalogue and order online.

First published in Great Britain by Heinemann Library, Halley Court, Jordan Hill, Oxford, OX2 8EJ, part of Pearson Education. Heinemann is a registered trademark of Pearson Education Ltd.

Editorial: Charlotte Guillain
Design: Joanna Hinton-Malivoire
Picture research: Ruth Blair
Production: Duncan Gilbert

Translation into Spanish produced by DoubleO Publishing Services
Printed and bound in China by Leo Paper Group.

ISBN 9780431990293 (hardback)
12 11 10 09 08
10 9 8 7 6 5 4 3 2 1

ISBN 9780431990392 (paperback)
12 11 10 09 08
10 9 8 7 6 5 4 3 2 1

British Library
Cataloguing in Publication Data
Undrill, Fiona
Los animales = Animals. - (Spanish readers)
1. Spanish language - Readers - Animals 2. Animals - Juvenile literature 3. Vocabulary - Juvenile literature
I. Title
468.6'421
A full catalogue record for this book is available from the British Library.

Acknowledgements

The publishers would like to thank the following for permission to reproduce photographs:
© Corbis pp. **16** (Newmann/zefa), **19** (B. Pepone/zefa); © Digital Stock pp. **3**, **4**, **6**; © Harcourt Education pp. **20**, **22** (Tudor Photography); © Istockphoto/Skynesher pp. **12**, **15**; © 2007 Jupiter Images Corporation pp. **8**, **11**

Cover photograph of elephants reproduced with permission of Corbis (Bruno Levy/zefa).

Every effort has been made to contact copyright holders of any material reproduced in this book. Any omissions will be rectified in subsequent printings if notice is given to the publishers.

Contenido

Acertijos 4–23

Vocabulario 24

Try to read the question and choose an answer on your own.

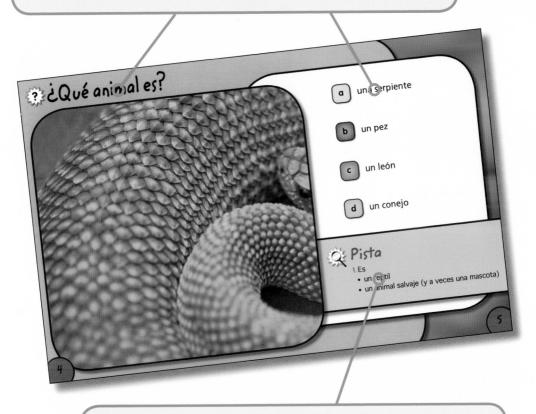

¿Qué animal es?

a   una serpiente

b   un pez

c   un león

d   un conejo

Pista
1. Es
• un reptil
• un animal salvaje (y a veces una mascota)

You might want some help with text like this.

¿Qué animal es?

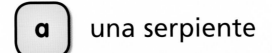 **a** una serpiente

b un pez

c un león

d un conejo

 # Pista

1. Es:
- un reptil
- un animal salvaje (y a veces una mascota)

Respuesta

a una serpiente

Muertes por año causadas por mordeduras de serpiente

el Reino Unido	0
Australia	1–2
Los Estados Unidos	5–10
India	10 000
Todo el mundo	125 000

 **a** un león

b un gato

c un tigre

d un ratón

 Pistas

1. Es:
   - un mamífero
   - un animal salvaje
   - un gran gato
2. Características distintivas: grandes rayas negras sobre el cuerpo anaranjado

Población de tigres en India

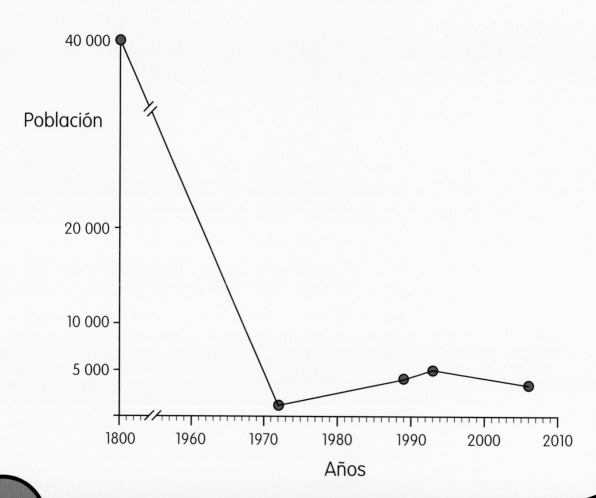

¿Qué animal es?

a un perro

b un pez

c una cobaya

d un león

 Pista

1. Es:
- un mamífero
- un animal salvaje
- un gran gato

Respuesta

d un león

	león	tigre
Peso	(m) 150-225 kg (h) 120-150 kg	(m) 180-280 kg (h) 115-185 kg
Altura	80-110 cm	80-110 cm
Largo	170-190 cm	140-280 cm
Expectativa de vida	12-16 años (en libertad) 30 años (en cautividad)	8-10 años (en libertad) 20 años (en cautividad)
Qué come	búfalo, antílope, cebra, jirafa, venado, jabalí	venado, búfalo, cerdo salvaje, pez, mono, reptiles elefantes (crías)

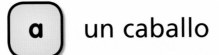 **a** un caballo

b una rata

c un perro

d un ave

 # Pistas

1. Es:
   - un mamífero
   - un animal salvaje y una mascota
2. Características distintivas: dientes puntiagudos

Respuesta

c un perro

Perros famosos

Perro	Película/Libro, etc.
Fang	Harry Potter
Gelert	Leyenda galesa
Goofy	Disney
Idéfix	Astérix
Pequeño ayudante de Santa	Los Simpsons
Pongo y Damita	101 Dálmatas
Toto	El mago de Oz

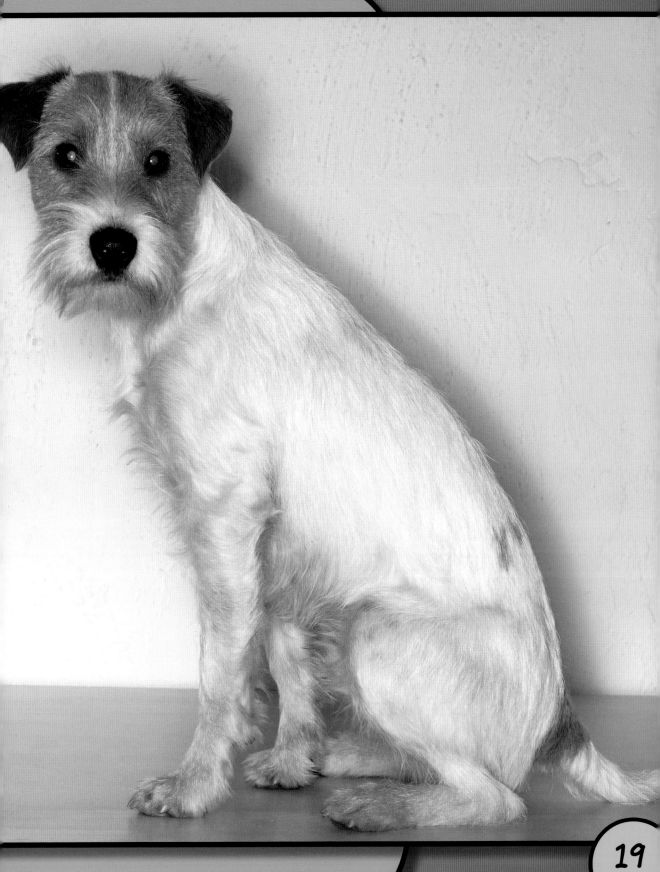

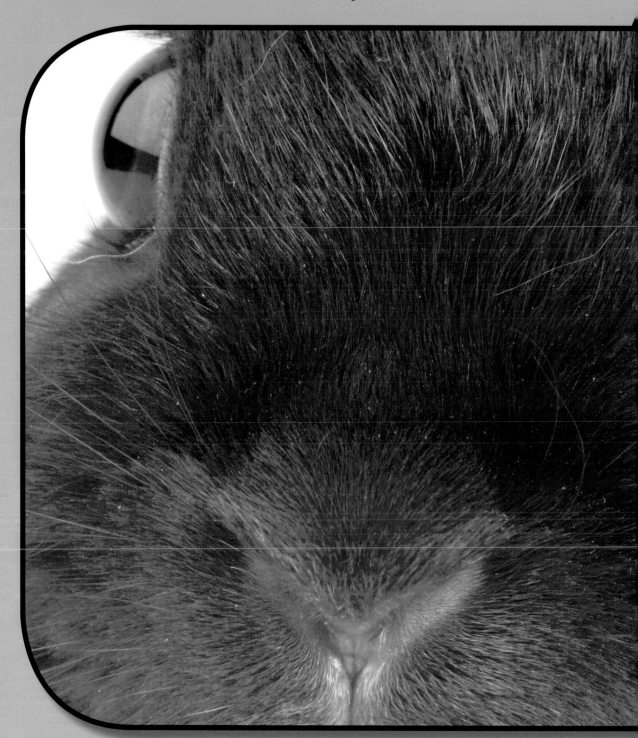

a un gato

b una cobaya

c un caballo

d un conejo

 Pistas

1. Es:
   - un mamífero
   - un animal salvaje y una mascota
2. Características distintivas: orejas grandes

Respuesta

d un conejo

La velocidad de los animales

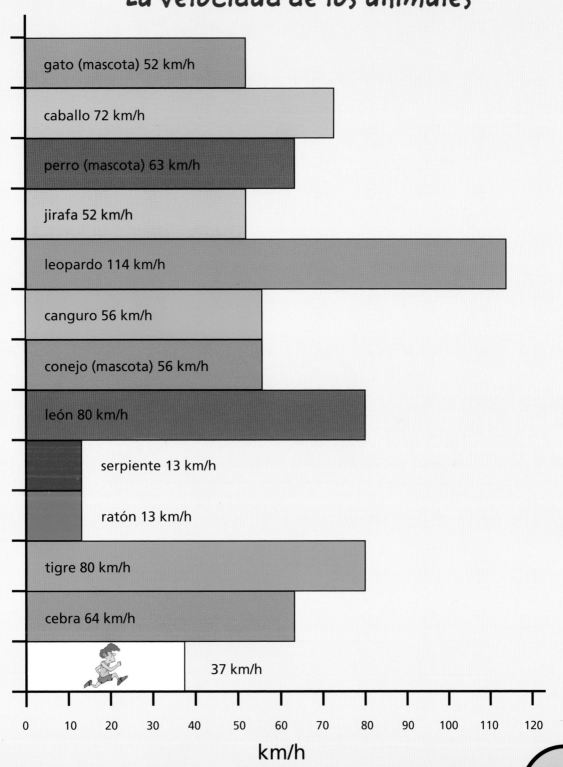

gato (mascota) 52 km/h

caballo 72 km/h

perro (mascota) 63 km/h

jirafa 52 km/h

leopardo 114 km/h

canguro 56 km/h

conejo (mascota) 56 km/h

león 80 km/h

serpiente 13 km/h

ratón 13 km/h

tigre 80 km/h

cebra 64 km/h

37 km/h

0   10   20   30   40   50   60   70   80   90   100   110   120

km/h

Vocabulario

español inglés página

un acertijo puzzle 3
la altura height 14
anaranjado orange 9
un animal(es) animal 1, 5, 9, 13, 17, 21, 23
un antílope antelope 14
un año year 7, 14
Australia Australia 7
un ave bird 17
a veces sometimes 5
un búfalo buffalo 14
un caballo horse 17, 21, 23
un canguro kangaroo 23
una característica distintiva distinctive characteristic 9, 17, 21
causado(a) because of 7
una cebra zebra 14, 23
un cerdo salvaje wild pig 14
una cobaya guinea pig 13, 21
comer to eat 14
un conejo rabbit 5, 21, 22, 23
el contenido contents 3
las crías babies 14
el cuerpo body 9
un dálmata dalmatian 18
unos dientes puntiagudos sharp teeth 17
un elefante elephant 14
en cautividad in captivity 14
en libertad in the wild 14
en peligro de extinción in danger of extinction 11
en/sobre on 9
es it is 5, 9, 13, 17, 21
los Estados Unidos the United States 7
la expectativa de vida life span 14

famoso known 18
un gato cat 9, 13, 21, 23
gran/grandes big 9, 13, 21
India India 7
un jabalí wart hog 14
una jirafa giraffe 14, 23
largo long 14
un león lion 5, 9, 13, 14, 23
un leopardo leopard 23
una leyenda galesa a Welsh legend 18
un libro book 18
el mago the wizard 18
un mamífero mammal 9, 13, 17, 21
una mascota pet 5, 17, 21, 23
un mono monkey 14
una mordedura de serpiente snake bite 7
una muerte death 7
negro(a) black 9
una oreja ear 21
una película film 18
un perro dog 13, 17, 18, 21, 23

un pez fish 5, 14
una pista clue 5, 9, 13, 17, 21
el peso weight 14
la población population 10
por año each year 7
¿Qué animal es? What animal is it? 4, 8, 12, 16, 20
una rata rat 17
un ratón mouse 9, 23
las rayas stripes 9
el Reino Unido the United Kingdom 7
un reptil reptile 5, 14

la respuesta answer 6, 10, 14, 18, 22
salvaje wild 5, 9, 13, 14, 17, 21
una serpiente snake 5, 6, 23
un tigre tiger 9, 10, 11, 23
todo el mundo the whole world 7
la velocidad speed 23
un venado stag 14
el vocabulario vocabulary 3, 24
y and 5, 17, 21